A Breve Histórico de Pol Pot

A Ascensão e o Reino do Khmer Vermelho, a Revolução, os Campos de Matança do Camboja, o Tribunal e o Colapso do Regime Comunista

Isenção de responsabilidade

Copyright 2022 por GREEN MEDIA HOUSE - *Todos os direitos reservados*

Este documento visa fornecer informações exatas e confiáveis em relação ao tema e à questão abordada. A publicação é vendida com a idéia de que a editora não é obrigada a prestar serviços de contabilidade, oficialmente permitidos ou de outra forma qualificados. Se for necessário aconselhamento, legal ou profissional, um indivíduo praticante da profissão deve ser ordenado - a partir de uma Declaração de Princípios que foi aceita e aprovada igualmente por um Comitê da Ordem dos Advogados Americana e por um Comitê de Editores e Associações.

De forma alguma é legal reproduzir, duplicar ou transmitir qualquer parte deste documento em meios eletrônicos ou em formato impresso. A gravação desta publicação é estritamente proibida e qualquer armazenamento deste documento não é permitido, a menos que com a permissão por escrito da editora. Todos os direitos reservados.

A apresentação das informações é sem contrato ou qualquer tipo de garantia. As marcas que são usadas são sem qualquer consentimento, e a publicação da marca é sem permissão ou apoio do proprietário da marca. Todas as marcas registradas e marcas dentro deste livro são apenas para fins de esclarecimento e são de propriedade dos próprios proprietários, não afiliados a este documento. Não encorajamos nenhum abuso de substâncias e não podemos ser considerados responsáveis por qualquer participação em atividades ilegais.

1

Introdução

Saloth Sar (província Kampong Thum, 19 de maio de 1925 - Anlong Veng, 15 de abril de 1998), mais conhecido como Pol Pot (Khmer: ប៉ុល ពត), foi um revolucionário maoísta cambojano que liderou o Khmer Vermelho desde 1963 até sua morte em 1998. De 1975 a 1979, ele foi o primeiro-ministro do Kampuchea Democrático. Pol Pot tornou-se líder do Camboja em 17 de abril de 1975.

Durante seu governo, ele instituiu o socialismo agrário, obrigando os habitantes das cidades a se mudarem para o campo para trabalhar em fazendas coletivas e realizar trabalhos forçados. Os efeitos combinados do trabalho forçado, desnutrição, cuidados médicos deficientes e execuções resultaram na morte de cerca de 21% da população do Camboja. No total, estima-se que 1,5 a 2 milhões de pessoas morreram sob sua liderança.

Em 1979, após a invasão vietnamita do Camboja, Pol Pot fugiu para as selvas do sudoeste do Camboja e a regra do Khmer Vermelho entrou em colapso. De 1979 a 1997, ele e um remanescente do antigo Khmer Vermelho residiram perto da fronteira do Camboja com a Tailândia, onde se agarraram ao poder, com reconhecimento nominal das Nações Unidas como o governo legítimo do Camboja. Pol Pot morreu em 1998 quando estava sob prisão domiciliar pela facção Ta Mok do Khmer Vermelho. Desde sua morte, continuam a surgir rumores de que ele teria sido supostamente envenenado.

Tabela de conteúdo

Isenção de responsabilidade   1

Introdução   2

Tabela de conteúdo   4

A história de Pol Pot   6

Pol Pot inicia a revolução   9

Pol Pot expulsa as pessoas das cidades   14

O apoio a Pol Pot desaparece   17

Pol Pot tem pessoas massacradas pela polícia   23

Prova interna do Pol Pot   26

A história do Khmer Vermelho   29

Regime do Khmer Vermelho (1975-1979)   34

Expulsão e desintegração   44

Ideologia   49

Tribunal   52

Kaing Gue Eav   54

tribunal do Camboja   56

Nuon Chea   58

A história de Pol Pot

A fumaça preta subiu acima dos pneus de carro queimados, madeira velha e móveis descartados. Na pilha de lixo estava o corpo de Pol Pot.

Na noite de 15 de abril de 1998, ele havia dito a sua esposa que não estava se sentindo bem. Imediatamente depois, ele morreu, provavelmente de um ataque cardíaco. Isto acabou com a vida de Pol Pot, de 73 anos, o homem responsável pela morte de 1,7 milhões de compatriotas.

Quando Pol Pot nasceu numa aldeia ao norte da capital cambojana Phnom Penh em 1925, no ano do boi, não estava escrito nas estrelas que ele um dia entraria para a história como um assassino em massa sem escrúpulos.

Em total sintonia com seu horóscopo, o menino, cujo verdadeiro nome era Saloth Sar, era gentil e sensível. De acordo com a astrologia, ele podia sair do controle com raiva, mas ninguém notou esse lado de sua personalidade durante sua infância.

Mesmo entre seus amigos de escola, ele era conhecido como um garoto amigável e engraçado, que não fazia mal a uma mosca e se apresentava medíocre.

Houve uma circunstância que diferenciou Saloth Sar dos pobres agricultores de arroz da aldeia onde ele morava: sua família era rica e mantinha contatos com a família real.

Graças a estas boas conexões, Saloth Sar foi para a eminente escola de gramática francesa Ecole Miche, em Phnom Penh, em 1935, aos 10 anos de idade. Ele reprovou em um exame após o outro e também não teve muito sucesso com seus hobbies, tocando violino e atuando.

Apesar de suas magras realizações, ele conseguiu obter uma bolsa de estudos em Paris, em 1949. Tal oportunidade foi reservada apenas para poucos e, como o destino quisesse, esta era Saloth, entre todas as pessoas. Sua estadia na França teve conseqüências não só para ele, mas foram cruciais para todo o Camboja.

Em casa, Saloth nunca havia demonstrado interesse em política, mas como estudante na França, ele se tornou consciente da injustiça no mundo. Muitos estudantes eram comunistas hardcore que admiravam o líder soviético Stalin, e Saloth Sar participou de reuniões de estudantes onde o futuro do Camboja estava na agenda: Como o país poderia se libertar do domínio colonial francês, e quem deveria tomar o poder em seguida?

Em 1952, Saloth aderiu ao Partido Comunista Francês. Mais tarde naquele ano, ele viajou de volta ao Camboja, sem um único diploma no bolso, mas com uma nova consciência política e o sonho de fundar um Camboja sem classes e independente.

Quando voltou, ele ficou chocado: o Camboja que ele não via há três anos estava envolvido em guerra. A luta contra o domínio colonial francês havia gradualmente se transformado em uma guerra civil sangrenta. O exército patrulhava toda Phnom Penh e a pobreza era evidente.

Pol Pot inicia a revolução

Em 1953, o Camboja conquistou a independência da França, que teve suas mãos cheias com a guerra contra o Vietnã. O rei Sihanouk recebeu todo o poder com a missão de lutar contra os comunistas, mas isso terminou em decepção para os cambojanos que esperavam por tempos mais pacíficos. Durante os anos 60, a guerra no vizinho Vietnã se intensificou e o Camboja foi arrastado para o conflito.

Pouco depois de seu retorno da França, Saloth aderiu ao Partido Comunista da Indochina. Como esta festa era ilegal, ela tinha que operar em segredo, assim como Saloth, que passou a levar uma vida dupla.

Ele forjou planos para uma revolução armada e usou vários pseudônimos, incluindo o Pol. Ao mesmo tempo, ele estava trabalhando como professor em uma escola pública francesa, onde ensinava as disciplinas de francês, história e geografia.

Os alunos gostavam muito do professor bonito e bem viajado, que estava sempre vestido com uma camisa branca e calças azuis escuras. Ele falava baixinho e ria muito, ao contrário de sua esposa Khieu Ponnary, também professor, que era muito mais rigoroso. Na escola, Saloth Sar nunca demonstrou nenhuma de suas simpatias políticas, ele se comportava de forma moderada, mas seu carisma era carismático.

Em 1963, Saloth Sar foi eleito secretário-geral do Partido Comunista, que ele havia ajudado a fundar três anos antes em um galpão próximo à estação ferroviária de Phnom Penh.

Durante o período em que Saloth Sar assumiu a presidência do partido, o rei Sihanouk começou a perseguir os comunistas. Uma prisão se seguiu a outra, muitos comunistas foram executados e ainda mais foram para a clandestinidade. Saloth Sar fugiu para a selva, onde se escondeu em acampamentos durante sete anos, e daqui tentou retirar o rei Sihanouk do trono.

Mas o General Lon Nol, o primeiro-ministro, chegou primeiro e encenou um golpe não violento em março de 1970.

Enquanto Sihanouk se esforçou para garantir a neutralidade do Camboja, Lon Nol tomou uma nova direção. Em troca de ajuda, os EUA podiam agora usar bases no Camboja para atacar o Vietnã.

Eclodiu uma guerra civil que durou cinco anos. Sihanouk, que havia lutado contra os comunistas até a morte, e Saloth Sar agora parecia ter um inimigo comum: Lon Nol e seu regime. Com o slogan "Lutamos para devolver o poder a Sihanouk", Saloth Sar e seu novo movimento guerrilheiro, o Khmer Vermelho iniciou uma luta armada contra o regime militar.

O apoio popular foi forte, especialmente no campo, que foi bombardeado pelos B-52s americanos. Os aviões tinham como objetivo romper as linhas de abastecimento do Exército de Libertação do Vietnã Vietcong, que corria de norte a sul do Vietnã através do Camboja. Mas as vítimas foram principalmente agricultores cambojanos, que nada tiveram a ver com isso e perderam suas famílias e casas no devastador bombardeio.

O 'Irmão número um', como Saloth Sar foi chamado por seus aliados, não poderia ter desejado um terreno mais fértil para a revolução que ele estava preparando. O campesinato estava pronto para apoiar qualquer um se apenas a situação mudasse.

O Khmer Vermelho, portanto, não carecia de alimentos, e com as armas de seus aliados norte-vietnamitas, ele assumiu o controle em cada vez mais áreas. Após ferozes lutas perto da capital, o movimento guerrilheiro saiu vitorioso: Lon Nol fugiu do devastado Phnom Penh com seus apoiadores, e uma nova era foi inaugurada em 17 de abril de 1975.

Nenhuma metralhadora soou nem choveram granadas; de fato, estava invulgarmente silenciosa na capital. Mas quando guerrilheiros em roupas de algodão preto com lenços vermelhos marcharam descalços pelas ruas pela manhã, os aplausos começaram a surgir.

O povo de Phnom Penh acolheu os rebeldes como heróis da liberdade há muito aguardados, não sabendo que o mestre por trás do golpe queria conduzir uma experiência social com eles. Mas não demorou muito, neste dia invulgarmente quente de abril, até que o povo de Phnom Penh sentisse o gosto do sofrimento que os esperava.

Pol Pot expulsa as pessoas das cidades

Durante seu exílio na selva, Saloth Sar havia forjado grandes planos para o futuro do Camboja. A revolução daria início a uma nova era. 1975 foi o ano zero, durante a noite o Kampuchea Democrático, como a nova nação seria chamada agora, deveria ser um estado camponês sem classe.

O dinheiro foi abolido, a religião proibida. Todos tinham que ser iguais, usar as mesmas roupas e trabalhar como irmãos e irmãs pela mesma causa.

Saloth Sar não estava presente em Phnom Penh no grande dia em si, mas emitiu ordens para expulsar os dois

milhões de residentes da capital algumas horas após o
golpe.

Todos tinham que sair de suas casas, para as ruas, os
doentes e os moribundos eram levados para fora dos
hospitais e, neste caos geral, as pessoas eram reunidas
em uma enorme procissão, rumo a comunidades onde
tinham que cultivar arroz a partir de agora.

No tumulto, famílias foram separadas, e os fracos e idosos
foram mortos. Outras 10.000 pessoas morreram durante a
longa caminhada até os campos de arroz nos dias
seguintes.

Este padrão se repetiu em todo o país, e menos de uma semana depois, todas as cidades foram extintas.

Nos postos de controle ao longo das estradas, os moradores foram questionados sobre seus antecedentes. Os bem educados e intelectuais seriam usados para reconstruir a nação. Mas qualquer um que cumprisse estava condenado. Saloth Sar temia a resistência da elite e por isso os Khmers Vermelhos fizeram pouco trabalho com eles: foram executados.

Em 23 de abril de 1975, Saloth Sar voltou tranquilamente à cidade fantasma de Phnom Penh. Caminhando pelas ruas desertas, ele provou o doce sabor da vitória. Ele havia esmagado o imperialismo e expulsado os bonecos dos EUA. Pela primeira vez em mais de 20 anos, ele não conheceu inimigos, e com a vitória no bolso, o caminho estava livre para sua sociedade ideal.

O apoio a Pol Pot desaparece

Para marcar a nova era, Saloth Sar pôs um fim ao seu passado. Ele cortou os laços com sua família e agora se chamava Pol Pot.

Depois de mais de um ano de trabalho duro, ele apresentou um plano de quatro anos à liderança do partido em agosto de 1976. Os conceitos-chave eram construção e defesa. Em termos de construção, o país inteiro deveria se tornar um grande campo de arroz, e a renda proveniente do excedente de exportação da colheita deveria ser usada para construir fábricas especializadas em utensílios: móveis, calçados, têxteis e sabão.

"Enquanto tivermos arroz, temos tudo", era o mantra de Pol Pot.

Como a produção de arroz, defender a nação foi de grande importância. Pol Pot insistiu que os inimigos do Estado tinham que ser mortos. Se formos lentos e fracos, o inimigo sabotará o país", disse ele.

Temendo um ataque, Pol Pot foi para o subsolo. Desconfiado de tudo e de todos, ele estava sempre cercado de guarda-costas e, em vez de aparecer em público, ele mesmo enviou seus ministros. Fora da liderança do partido, havia poucos que sabiam quem detinha o poder. Até mesmo os irmãos de Pol Pot não tinham idéia de que seu irmão estava dirigindo o país.

O objetivo de Pol Pot para seu país logo se revelou inalcançável. Em seus cálculos de produção de arroz, ele havia sido muito otimista. A população trabalhava 16 horas por dia na terra, mas não podia produzir três toneladas por hectare, como exigia Pol Pot. Antes da revolução, a cultura do arroz no Camboja havia produzido uma tonelada por hectare. Triplo que era realmente impossível.

Os cambojanos não tinham fertilizantes e máquinas agrícolas suficientes e, além disso, muitos vinham de áreas urbanas e quase não sabiam nada sobre agricultura. Não havia arroz suficiente e, já no outono de 1975, a população estava morrendo de fome. Todos receberam inicialmente entre meia tigela e uma tigela inteira de arroz por dia, mas a ração ficou cada vez menor e, a longo prazo, foi apenas um fundo.

Havia fome em todo o país, mas Pol Pot não se importava. Seu objetivo era ganhar dinheiro exportando arroz, e enquanto seus compatriotas sucumbiram em massa à fome, doenças ou exaustão, ele tinha grandes caminhões carregados com metade das colheitas das comunidades.

À medida que a fome aumentava, as pessoas apoiavam cada vez menos a revolução e a situação não melhorou quando Pol Pot interferiu em sua fé. Os cambojanos eram budistas devotos há milhares de anos, mas agora sua fé era vista como uma ideologia rival.

Pagodes, templos e mosteiros foram destruídos ou criados como prisões de tortura, das quais apenas alguns dos cerca de 50.000 monges escaparam com segurança.

Os bens pessoais eram poucos e distantes entre eles. Tudo, desde panelas e galinhas até gado e arados, foi tirado, porque a ninguém foi permitido possuir mais do que a outro. A única coisa que os cambojanos podiam ter era um terno preto, um lenço, uma tigela e uma colher, que podiam usar durante as refeições comunitárias, e isso também era uma intrusão na vida privada.

Antes da revolução, as famílias sempre comiam juntas e a refeição era um assunto social, mas a partir de 1975, homens, mulheres e crianças comiam separadamente uns dos outros em refeitórios supervisionados.

Em uma tentativa de erradicar os opositores políticos do regime Lon Nol, os Khmers Vermelhos mataram cerca de 200.000 ex-soldados, policiais e oficiais em um ano a partir de setembro de 1975. Apesar de todas as purgas, o inimigo estava em toda parte, mesmo na festa. Pelo menos era o que Pol Pot pensava, e ele apontou para os traidores como causadores da crise.

"O lote é afetado por uma doença que não podemos identificar com precisão. Estamos procurando diligentemente por estes micróbios. Eles estão se escondendo, mas com o progresso de nossa revolução socialista vamos encontrá-los", advertiu Pol Pot em uma reunião do partido em 1976.

Em uma transmissão de rádio alguns meses depois, ele disse que 2% da população (cerca de 140.000 pessoas) eram "sabotadores, inimigos ou traidores". Estes poderiam ser exterminados como as bactérias.

Pol Pot tem pessoas massacradas pela polícia

A força de segurança Santebal teve suas mãos cheias, mas com as ordens de Pol Pot, a carga de trabalho cresceu a novos patamares. Seguindo o lema de que era melhor matar 10 inocentes do que deixar um culpado ir, Santebal iniciou a caça ao homem para potenciais inimigos.

Havia muitos desses: pessoas com óculos eram rotuladas como intelectuais e tinham que ser mortas por esse motivo. Assim como os estrangeiros e cambojanos com parceiros estrangeiros, que eram suspeitos de serem agentes secretos. Em 1978, cerca de 400.000 pessoas foram massacradas no leste do país porque tinham, nas palavras de Pol Pot, "um corpo Khmer, mas uma mente vietnamita".

O sangue também fluía na liderança do partido. Durante a tortura, ministros e líderes distritais foram forçados a admitir todo tipo de pecados, tais como ser míope ou preguiçoso. Ambos foram punidos com a pena de morte. Levaram a família inteira consigo até a morte: suas esposas, filhos, pais - todos. Mais as pessoas cujos nomes eles tinham murmurado em desespero durante a tortura.

Poucos receberam a bala, pois esse método era muito caro. Ao invés disso, a parte de trás da cabeça foi trabalhada com uma barra de ferro ou o abdômen rasgado. Os bebês eram às vezes jogados no ar e empalados em uma baioneta.

As valas comuns em todo o país estavam repletas de cadáveres, mas as purgas ainda não haviam produzido os resultados desejados. O regime estava com problemas até o pescoço, o povo estava faminto, e Pol Pot ainda via traidores e sabotadores em todos os lugares.

Para sua própria segurança, ele se entrincheirou atrás das altas paredes das residências de alta segurança em Phnom Penh e arredores.

Aqui ele estava cercado de criados que nunca estavam seguros de suas vidas. Se Pol Pot tinha dor de estômago, ele pensou que estava sendo envenenado e o cozinheiro foi morto. Se a energia elétrica falhar ou o fornecimento de água falhar, os supervisores terão que pagar por essas falhas com suas vidas.

Prova interna do Pol Pot

No início dos anos 80, Khieu Ponnary, esposa de Pol Pot que havia perdido a cabeça anos antes, morreu, e em 1985, o líder partidário de 60 anos casou-se com Mea Son, que era cerca de 30 anos mais jovem.

Um ano depois, nasceu Sith, a única filha de Pol Pot.

A família levou uma vida relativamente tranqüila na selva por vários anos, mas quando os Khmers Vermelhos enfrentaram dissidentes e divisões internas em meados dos anos 90, Pol Pot se tornou totalmente paranóico e ficou furioso.

O ex-ditador idoso acreditava firmemente que seus companheiros de partido estavam tramando um golpe contra ele. Ele mandou seus guarda-costas para mirar o suposto mestre do golpe, o ex-ministro da defesa Son Sen, incluindo sua esposa e suas famílias. Um total de 14 crianças e adultos foram mortos a tiros e depois atropelados por um caminhão.

Depois deste massacre bárbaro, Ta Mok, o supremo líder militar do Khmer Vermelho, temia que agora fosse sua vez. Ele ordenou, portanto, que seus homens prendessem Pol Pot, que fugiu para a selva com sua esposa e filha. Após três dias, eles foram capturados. O Pol Pot completamente exausto estava mais morto do que vivo.

Em um julgamento de fachada, o visivelmente enfraquecido Pol Pot foi condenado a prisão perpétua em 25 de julho de 1997 pelo assassinato de Son Sen e sua família e traição contra os Khmers Vermelhos.

Morte ao traidor Pol Pot, há sangue em suas mãos', gritou os antigos partidários de Pol Pot, que se sentavam em uma cadeira de madeira e se apoiavam constantemente em um pau de bambu.

Em 23 de outubro de 1997, durante sua prisão domiciliar, Pol Pot deu um excepcional

entrevista ao jornalista de TV americano Nate Thayer. Pol Pot falou de sua morte iminente e respondeu perguntas sobre genocídio: "Quanto à minha consciência e à minha missão, não tenho problemas. Erros foram cometidos, mas meu objetivo era liderar uma revolução, não matar pessoas. Olhe para mim, eu pareço um homem cruel", perguntou ele retóricamente, respondendo a si mesmo: "Não!

Nos meses seguintes, Pol Pot ficou cada vez mais doente e mal conseguia respirar sem uma máscara de oxigênio.

Quando ele ligou o rádio para as notícias às oito horas da noite do dia 15 de abril de 1998, como de costume, suas últimas forças vitais estavam diminuindo. Seus guardas prisionais alegadamente queriam entregá-lo ao tribunal internacional para que ele pudesse ser julgado por seus crimes contra a humanidade. Após a transmissão, Pol Pot disse a sua esposa que se sentia cansado e não muito bem. Alguns minutos mais tarde, ele deu seu último suspiro.

A história do Khmer Vermelho

O Khmer Vermelho (Khmer: ខ្មែរក្រហម Khmêr Khrôm) era o braço militar do Partido Comunista do Kampuchea Democrático (agora Camboja). Khmer é o nome das pessoas que habitam o Camboja. O Khmer Vermelho é responsável pela morte de cerca de 1,7 a 2 milhões de pessoas em uma população de 7 milhões, entre 1975 e 1979, quando o Khmer Vermelho estava no poder.

Elevação e tomada do poder

Nos anos 60 e 70, os Khmers Vermelhos empreenderam uma guerra de guerrilha contra o domínio do Príncipe Norodom Sihanouk e do General Lon Nol. O movimento tinha sido originalmente criado por comunistas vietnamitas, que durante muito tempo ainda mantinham um controle firme. Muitas unidades eram na verdade compostas por vietnamitas, e inicialmente os quadros superiores eram controlados por vietnamitas.

Quando Lon Nol chegou ao poder em 1970, ele foi acompanhado por uma extensão da Guerra do Vietnã ao Camboja. Ao contrário de Sihanouk, Lon Nol procurou o apoio dos Estados Unidos e do Vietnã do Sul, e agiu duramente contra os Vietcongs e Khmer Vermelhos no Camboja. Os americanos bombardearam intensamente áreas controladas pelo comunismo a partir de bombardeiros B-52, também achatando regularmente vilarejos, já que os B-52 não são bombardeiros de precisão.

Os bombardeios americanos, os incidentes entre as tropas e a população do Vietnã do Sul e a má administração do governo do Lon Nol levaram a população aos braços do Khmer Vermelho, e o regime do Lon Nol entrou em colapso. O movimento cresceu e em 1972 os vietnamitas foram forçados a reconhecer Pol Pot como um aliado pleno em vez de um parceiro júnior. Outra grande vitória política foi a aliança monstruosa com Norodom Sihanouk que o Khmer Vermelho concluiu sob pressão chinesa. O apoio do ex-rei provou ser essencial para ganhar a confiança do povo.

Já durante o avanço do Khmer Vermelho, Pol Pot ficou impressionado com a simplicidade do povo da montanha. Além disso, muitos Khmers Vermelhos eram do campo muito primitivo e não gostavam das cidades. Uma vez que o Khmer Vermelho tomou uma cidade de província, a vida cotidiana normalmente recomeçou em poucos dias, o que causou grande consternação a Pol Pot. Se tudo ficasse como estava, para ele a revolução seria inútil. Com isso, o partido chegou a soluções mais radicais, como a deportação da população, e começou a colocá-las em prática. De acordo com Pol Pot, se as pessoas não quisessem mudar, todos deveriam ser forçados a se tornar agricultores. Ele também introduziu o simples uniforme preto que todos tinham que usar. As jóias e similares foram proibidas.

Em abril de 1975, os Khmers Vermelhos entraram em Phnom Penh após líderes políticos e militares, bem como a maioria dos estrangeiros, terem fugido da cidade. Pol Pot tornou-se o ditador do Camboja, mas Norodom Sihanouk foi nomeado chefe de estado titular, o que melhorou significativamente a posição dos Khmers Vermelhos. Com o tempo, Sihanouk notou que na prática ele não tinha nada a dizer sobre o qual se demitiu do cargo de chefe de estado.

Em poucos dias após a ocupação de Phnom Penh, os Khmers Vermelhos evacuaram a cidade e conduziram a população para o campo. Oficiais e soldados do exército do governo foram, em alguns casos, desmontados e executados. O peso das deportações variou de comandante para comandante.

Enquanto alguns comandantes permitiram que a população levasse objetos pessoais ou retornasse ao seu local de nascimento, outros os forçaram a ir aonde quisessem.

Dos 2,5 milhões de habitantes de Phnom Penh, 1,9 milhões haviam fugido originalmente do campo por causa da guerra e, portanto, estavam razoavelmente à vontade com seu terreno.

Para os habitantes originais da cidade, porém, foi uma luta difícil. Eles não conheciam ninguém e se encontravam na base da hierarquia. A desobediência foi punida com espancamentos ou execução.

Também não foi revelado nesta fase inicial que os Khmers Vermelhos estavam lutando por um partido comunista; eles simplesmente falavam de "Angkar" (a Organização).

Regime do Khmer Vermelho (1975-1979)

As cidades cambojanas foram limpas e a população foi obrigada a se mudar para fazendas coletivas no campo. Aqui eles tinham que trabalhar 12 a 14 horas por dia, sete dias por semana, sob um regime de condução de escravos. As rações eram mínimas. Os bens pessoais tinham que ser deixados para trás a maior parte do tempo.

A doutrina comunista foi combinada com uma ideologia espartana "de volta ao básico". As cidades foram marcadas como "más" pelo povo Khmer Rouge do campo, assim como os intelectuais, muitos dos quais, além disso, haviam trabalhado para o regime de Lon Nol. Muitos - especialmente monges, professores, médicos, funcionários públicos, pessoal militar e intelectuais - foram executados, muitas vezes sem motivo ou por ofensas menores. Usar óculos ou roupas (civis) limpas, ou possuir um livro (estrangeiro), ou conhecimento de uma língua estrangeira, era motivo suficiente para a execução.

Nos coletivos, as pessoas foram divididas em três categorias: os plenamente intitulados, os aspirantes e os deportados. As pessoas com todos os direitos receberam o melhor tratamento e comida e puderam se juntar à festa. Os aspirantes eram habitantes rurais e citadinos que vieram originalmente do campo. Eles também receberam
35

um tratamento um pouco melhor. Os deportados formaram uma categoria residual de moradores urbanos e intelectuais. Eles foram tratados da pior maneira e receberam o mínimo de alimentos.

Os aspirantes foram intensamente doutrinados nas fazendas coletivas. Não foram usados crachás de categoria, mas a altura na categoria do quadro do partido foi medida pelo número de canetas e lápis carregados no bolso do peito do uniforme preto.

Além da completa abolição orwelliana das palavras que indicam individualidade, foi adotado um método de autocrítica, de acordo com a ideologia maoísta. Não só se tinha que escrever a própria história de vida e criticá-la com base nos ensinamentos, mas se tinha até que proclamar os próprios erros todos os dias em um contexto coletivo, assim como os erros dos outros. As ofensas incluíam manter ou coletar alimentos para si mesmo, manter um diário, insubordinação, ou desempenho inadequado. As punições para estes incluem a redução das rações, saltar refeições, castigos corporais e execução. Todos foram deliberadamente mantidos em um estado de constante medo e desequilíbrio psicológico, de modo que as pessoas não pensavam sequer em resistir ou se revoltar. Os vietnamitas étnicos e Cham sofreram particularmente mal.

A família foi abolida. Somente Angkar determinou quem poderia procriar com quem e criou as crianças resultantes. Palavras como "pai" e "mãe" não podiam mais ser usadas. Os alimentos deveriam ser consumidos apenas coletivamente durante as refeições no refeitório. Até mesmo a coleta de frutas era proibida porque isso seria "egocêntrico"; todas as frutas pertenciam a Angkar. A redução das rações ou a negação total de uma refeição a
37

alguém foi um castigo popular que muitas vezes resultou em ficar doente demais para trabalhar, não conseguir nada e finalmente morrer.

O dinheiro também foi abolido e mais tarde até mesmo a troca foi desencorajada. Angkar providenciaria o que fosse necessário. Aqueles que fizeram ou coletaram coisas eles mesmos foram "egocêntricos" e foram punidos por isso. Mais tarde, Pol Pot decidiu afrouxar um pouco as rédeas e foram feitos planos para reintroduzir dinheiro.

Havia pouca cooperação ou coordenação entre as diferentes unidades do Khmer Vermelho. Isto encorajou as atrocidades e a fome. Os comandantes sabiam que seriam punidos se tivessem um desempenho inadequado e, em qualquer caso, não queriam ser os últimos. Isto criou uma certa concorrência que levou à radicalização. A falta de coordenação incentivou a fome, pois a comunicação entre os territórios foi dificultada e o comércio também foi desencorajado ou mesmo proibido. O Museu Tuol Sleng e os muitos campos de morte (incluindo Choeung Ek) ainda são as testemunhas silenciosas dos assassinatos em massa que ocorreram.

Perto da fronteira com o Vietnã, em maio e junho de 1978, São Phim - o líder regional dos Khmers Vermelhos - iniciou a única rebelião interna contra o regime comunista central. Esta revolta foi reprimida e São Phim cometeu suicídio. Sua esposa e filhos foram assassinados pelo Khmer Vermelho durante seu funeral.

Assim que o Khmer Vermelho restaurou seu poder central, cada habitante da área foi condenado à morte. De maio a dezembro de 1978, 100.000 a 250.000 pessoas foram mortas nesta região. A aldeia natal de São Phim foi completamente massacrada, resultando em 700 mortes.

Os sobreviventes da região tiveram que usar roupas azuis em vez das roupas pretas. Os insurgentes sobreviventes fugiram para o Vietnã, onde mais tarde se juntaram à entrada do Vietnã no Camboja para depor Pol Pot.

Líderes

- **Saloth Sar** (1925-1998), irmão número 1, apelidado de Pol Pot, o líder efetivo do Khmer Vermelho, primeiro-ministro do Kampuchea Democrático (1976-1979) e secretário-geral do Partido Comunista do Kampuchea (1963-1981),

preso em 1997 por ordem de Ta Mok, que o
sucedeu como líder;

- **Lau Kim Lorn** (1926-2019), irmão número 2,
  apelidado de Nuon Chea e também Long Bunruot,
  orador parlamentar (1976-1979), vice-secretário-
  geral do Partido Comunista, condenado a prisão
  perpétua em 7 de agosto de 2014;

- **Ieng Sary** (1925-2013), irmão número 3, cunhado
  de Pol Pot, casado com Ieng Thirith, vice-primeiro
  ministro e ministro das relações exteriores (1975-
  1979), preso em 2007, morreu antes da sentença;

- **Ieng Thirith (**1931-2015, nascido Khieu Thirith),
  ministro de assuntos sociais, casado com Ieng
  Sary e irmã de Khieu Ponnary, primeira esposa de
  Pol Pot, sofre do mal de Alzheimer, foi portanto
  liberado em novembro de 2011 e novamente em
  setembro de 2012 após revogar essa decisão;

- **Khieu Samphan** (*1931), irmão número 4, chefe
  de estado do Kampuchea Democrático (1976-
  1979), responsável pelas relações internacionais

do Khmer Vermelho após 1979, condenado a prisão perpétua em 7 de agosto de 2014;

- **Chhit Choeun**, também Ng/Ung/Nguon/Eang/Ek Choeun/Eng/Kang (c. 1926-2006), irmão número 5, 6 ou 7, apelidado de Ta Mok (avô Mok), chefe de pessoal do Exército Nacional Democrático do Kampuchea, último líder do Khmer Vermelho;

- **Ke Vin** (1934-2002), irmão número 13, apelidado de Ke Pauk, secretário do partido do norte do Camboja;

- **Assim Phim**, também São Pheum (1925-1978), irmão número 18, apelidado de So/Sao Vanna, no final dos anos 40, líder do issarak Khmers que resistiu ao domínio colonial francês, juntamente com esposa e filhos vítimas das purgas de 1978 no Camboja oriental, onde comandou o exército;

- **Filho Sen** (1930-1997), irmão número 50 ou 89, apelidado de irmão Khiev/Khieu, ministro da defesa, casado com Yun Yat, executado com sua família sob as ordens de Pol Pot;

- **Yun Yat** (1934-1997), Ministro da Educação (1975-1977), substituiu o executado Hu Nim como Ministro da Informação e Propaganda em 1977, casado com Son Sen, executado com ele e alguns outros membros da família, inclusive filhos, sob as ordens de Pol Pot;

- **Tuork Penh** (1934-1978), apelidado de Vorn Vet, vice-primeiro ministro e ministro da economia (1976-1978), executado em dezembro de 1978;

- **Hu Nim** (1932-1977), ministro da informação e propaganda, executado em julho de 1977;

- **Kaing Guek Eav**, também Kang/Kaing Kek Ieu/Iev (1942-2020), apelidado de Douch, também Duch ou Deuch, professor de matemática, chefe do centro de tortura S-21, condenado a prisão perpétua em 3 de fevereiro de 2012.

43

Expulsão e desintegração

Apesar do apoio vietnamita, houve constantes escaramuças entre os vietnamitas e os cambojanos, mesmo antes da aquisição em 1975. O Vietnã era o arqui-inimigo tradicional dos Khmers.

Era maior e mais densamente povoada, tinha contribuído para a destruição da civilização Khmer no passado e, ao contrário do Camboja, foi fortemente influenciada pela China.

O ódio aos vietnamitas também estava profundamente enraizado entre os Khmers Vermelhos e o regime assumiu uma postura cada vez mais provocadora.

Os temas de conflito foram os maus-tratos de imigrantes vietnamitas no Camboja, reivindicações cambojanas a Khmer Krom e um conflito sobre algumas ilhas no Golfo da Tailândia ao largo da costa cambojana reivindicado pelo Vietnã. Também houve aborrecimento quanto à medida em que o Vietnã estava tentando exercer influência, o que coincidiu com o medo e a inveja pré-existentes dos cambojanos contra seu grande vizinho oriental vietnamita.

Pol Pot realizou grandes purgas anti-vietnamistas em 1976 e 1977. Os Khmers Vermelhos até invadiram regularmente o território fronteiriço vietnamita, queimando e pilhando vilarejos. A partir de 1977, a luta na fronteira foi quase constante.

Até mesmo um Vietnã comunista era visto como uma ameaça, talvez ainda mais agora que foi unido novamente. O Khmer Vermelho tentou buscar o apoio da República Popular da China. Pol Pot contava com o apoio da China se viesse a entrar em guerra com o Vietnã.

Desta forma, o 'patrocínio' vietnamita poderia ser tratado e talvez o Delta do Mekong pudesse ser reintegrado ao Camboja.

Os vietnamitas descansaram várias expedições punitivas e finalmente decidiram uma operação militar de grande escala para expulsar os Khmers Vermelhos. Em dezembro de 1978, um exército de 150.000 vietnamitas invadiu o Camboja. As unidades fracas do Khmer Vermelho foram invadidas em duas semanas. Os vietnamitas ocuparam quase todo o país e instalaram um novo governo. A China invadiu o Vietnã na Guerra Sino-Vietnamesa, em parte para aliviar os Khmers Vermelhos.

Este plano falhou; o ataque foi insatisfatório para os chineses e foi insuficiente para convencer os vietnamitas a
46

retirar as tropas do Camboja. O apoio também veio indiretamente dos Estados Unidos, o que assegurou que a sede da ONU no Camboja não caducasse (por enquanto) para o novo regime apoiado pelo Vietnã. Os vietnamitas foram inicialmente acolhidos pela população como libertadores, mas depois se tornaram cada vez mais impopulares.

Após a expulsão do regime de Pol Pot pelos vietnamitas, os Khmers Vermelhos resistiram durante anos na selva cambojana. Nos anos 90, os Khmers Vermelhos haviam se refugiado nas montanhas de Dongrek, entre outros lugares. Foi apoiado pela China e Tailândia, e indiretamente pelos Estados Unidos, que desta forma queriam esgotar o Vietnã e seu aliado russo.

A ideologia comunista foi radicalmente eliminada e o Partido Comunista se dissolveu, na esperança de construir boa vontade entre a população e no exterior. O Khmer Vermelho perdeu cada vez mais apoio e começou a se desintegrar durante os anos 90. Vários líderes desertaram e o próprio Pol Pot foi preso por Ta Mok, um dos principais comandantes, por "desgoverno" em 1997. Nove meses depois, Pol Pot morreu em circunstâncias inexplicáveis.

Ideologia

Angkar aderiu a uma ideologia comunista, que na prática se baseava principalmente no maoísmo. Outras influências intelectuais foram: O chauvinismo khmer-elite, o nacionalismo do Terceiro Mundo, a Revolução Francesa e o comunismo estalinista.

Após o (falhado) Grande Salto em Frente, Mao decidiu que a agricultura formaria a base da economia chinesa. Em seguida, Angkar em 1977 decidiu pelo Super Grande Salto em Frente com a agricultura coletiva como base, em linha com a linha agora modificada de Mao. Angkar

49

empurrou seletivamente esta linha maoísta muito mais longe do que Mao jamais havia feito.

Durante o Grande Salto à Frente, a liderança do partido do PCC anunciou "atividades conjuntas de ascensão, alimentação, sono, trabalho e pós-trabalho", e esta linha foi estritamente adotada por Angkar. Após o fracasso do Grande Salto à Frente na China, os trabalhadores excedentes tiveram que voltar para o campo. Naquela época, Pol Pot estava visitando Mao, que havia acabado de deportar 20 milhões de trabalhadores (com instalações razoáveis e comida suficiente) para o campo onde se tornaram camponeses (sem instalações e sem rações marginais) novamente. Pol Pot seria melhor que seu professor Mao e perceber isso com todos os habitantes da cidade. O hino nacional do Camboja sob o Khmer Vermelho dizia: "Construamos nossa pátria para que ela possa dar um grande salto em frente". Um imenso e glorioso grande salto em frente".

Pol Pot também pediu emprestada de Mao a repressão da vida familiar. Em março de 1958, este último havia proclamado que "(t)a família como esquerda durante o comunismo inicial será abolida". Teve um começo e terá um fim. A família é algo que não é propício à produção".

Tribunal

Após muitos anos de difíceis negociações, chegou-se
finalmente a um acordo em 2004 entre as Nações Unidas
e o Camboja sobre a formação de um Tribunal do
Camboja para julgar vários ex-líderes dos Khmers
Vermelhos. Há muito tempo que vários políticos
cambojanos se opunham a isso porque tinham vínculos
com os Khmers Vermelhos ou deles eram originários. Em
3 de outubro de 2004, no entanto, foi decidido criar um
tribunal. Entretanto, este tribunal não tinha status
internacional; ele fazia parte do sistema judicial
cambojano.

Naquela época, cinco suspeitos-chave e o último líder
sênior remanescente do Khmer Vermelho ainda podiam
ser julgados, a saber, Nuon Chea (81), Ieng Sary (82),
Khieu Sampan (76), Ieng Thirith (76) e Kaing Guek Eav
(61).

Três suspeitos não poderiam mais ser processados. Pol
Pot tinha morrido em 1998; sua primeira esposa Kheiu
Ponnary tinha morrido em 2003. Ta Mok, o ex-comandante
e "Irmão Número 5", foi preso pelo exército cambojano em

março de 1999; ele morreu em um hospital militar em 2006 sem julgamento.

Kaing Gue Eav

Kaing Guek Eav (Choyaot, 17 de novembro de 1942 -
Phnom Penh, 2 de setembro de 2020), apelidado de
"Camarada Duch", foi o diretor da prisão S-21 em Phnom
Penh durante o regime dos Khmers Vermelhos.

Do professor de matemática ao diretor da prisão

Kaing Guek Eav estudou matemática no Lycée
Suravarman II na Siem Reap. Em 1962, ele obteve a
primeira metade de seu bacharelado e no mesmo ano
obteve a segunda metade de seu bacharelado no famoso
Lycée Sisowath em Phnom Penh. Ele era o segundo
melhor do país.

Ele se tornou professor de matemática e assim
permaneceu até entrar em contato com um grupo de
estudantes da China comunista em Phnom Penh. Devido
a este contato, ele teve que ir para a cadeia. Aí, sua
simpatia pelo comunismo foi alimentada.

Após sua libertação, ele se uniu ao Partido Comunista,
onde se levantou para se tornar chefe do serviço de
segurança. Em 1975, o comunista Khmer Vermelho tomou

o poder e iniciou um novo Camboja. Era para ser um paraíso camponês; qualquer coisa contrária a isto era exterminada. Kaing Guek Eav tornou-se comandante da prisão S-21 em Phnom Penh e supervisionou pessoalmente a tortura.

Qualquer pessoa pode acabar nesta prisão; por roubar uma batata, usar óculos ou usar descuidadamente palavras em inglês ou francês. Ele até teve seu próprio ajudante mais próximo morto no final de seu reinado.

Ele manteve registros meticulosos do que aconteceu com cada prisioneiro. Uma lista de nomes de prisioneiros foi encontrada com "Matem-nos a todos" escrita nele, assinada por ele.

Christian

Após a queda do regime, ele continuou a viver sob o nome de Hang Pin. Por volta de 1996, ele se converteu ao cristianismo e foi batizado no rio Sangke com muitos outros pelo pastor americano Christopher LaPel.

tribunal do Camboja

Em 1999, ele foi reconhecido pelo jornalista Nic Dunlop a partir da única fotografia que havia sobrevivido dele e se entregou à polícia. Ele é até agora o único membro do regime do Khmer Vermelho a ter confessado plenamente sua culpa e expressado seu pesar. Todos os crimes que ocorreram no S-21 (...) aconteceram sob minha instrução", disse Kaing Guek Eav.

Ele mesmo confessou ter torturado as pessoas. "Se o apedrejamento fosse um costume cambojano, eles teriam a permissão de me impor isso. Eu aceitaria isso", disse ele com lágrimas nos olhos para uma mulher cujo marido e filhos foram mortos em Tuol Sleng.

Em 26 de julho de 2010, após os promotores de justiça terem solicitado uma pena de 40 anos, o Tribunal do Camboja condenou Kaing Guek Eav a uma pena incondicional de 35 anos de prisão por crimes contra a humanidade.

Ele foi poupado da pena máxima de prisão perpétua porque tinha cooperado plenamente e feito uma confissão completa durante seu julgamento, disseram os juízes em seu veredicto.

No entanto, quando se descobriu que cinco anos seriam deduzidos dos 35 anos impostos por ele ter sido detido por tanto tempo sem acusações formais, ou seja, ilegalmente, e que, além disso, toda a prisão preventiva de 11 anos seria deduzida da sentença final, surgiram cenas emocionais no tribunal construído propositadamente na periferia de Phnom Penh, com parentes das vítimas expressando sua insatisfação com a administração da justiça.

Embora muitos tivessem considerado a prisão perpétua ainda indulgente, logo ficou claro que restaram apenas 19 anos do veredicto de 35 anos após a dedução, de modo que se o carrasco de seus entes queridos se comportasse bem, eles estariam em liberdade condicional após não mais do que 11 anos.

Que o próprio Kaing Guek Eav também discordou de sua sentença foi evidente apenas um dia depois, quando anunciou através de seu advogado cambojano que iria recorrer da sentença.

Nuon Chea

Nuon Chea, nascido Lau Kim Lorn, também chamado
Long Bunruot, apelido entre outros Irmão Número 2
(Battambang, 7 de julho de 1926 - Phnom Penh, 4 de
agosto de 2019), foi um ideólogo chefe cambojano dos
Khmers Vermelhos e deputado de Pol Pot. Nuon Chea foi
preso em setembro de 2007 e foi denunciado pelo
Tribunal Especial do Camboja, onde foi acusado de crimes
contra a humanidade e crimes de guerra.

Ele é visto como um dos principais culpados pelos crimes
cometidos pelo regime entre 1975 e 1979, o que resultou
em mais de um milhão de mortes.

Tempo de vida

Nuon Chea estudou Direito em Bangkok no final dos anos
40, onde ingressou no Partido Comunista Tailandês.
Depois de retornar ao Camboja, ele se juntou ao Khmer
Vermelho. Ele fez uma carreira íngreme e acabou se
tornando secretário adjunto do Partido dos Trabalhadores
do Kampuchea, que foi renomeado Partido Comunista do
Kampuchea em 1966, a posição número 2 dentro do
partido Khmer Vermelho. Quando os maoístas tomaram a
58

capital Phnom Penh em 1975, ele se tornou primeiro-ministro no seguinte regime, como parte do comitê central permanente do partido comunista. De acordo com Duch (Kaing Guek Eav), outro acusado no Tribunal do Camboja, Nuon Chea é o maior responsável pela prisão especial S-21 (Tuol Sleng), onde os prisioneiros foram torturados e assassinados.

Após a captura do Camboja pelo Vietnã em 1979, o Camboja foi transformado na República Popular do Kampuchea, após o que Nuon Chea se retirou para a selva. Em 1998, após o final do Khmer Vermelho, ele fez um acordo com o então governo cambojano que significava que ele não era perseguido por um longo período de tempo e tem vivido na cidade de Pailin, perto da fronteira com a Tailândia desde então.

Nuon Chea e Khieu Samphan foram condenados pelo tribunal de Phnom Penh em 7 de agosto de 2014. Eles receberam uma sentença de prisão perpétua por crimes contra a humanidade durante seu papel de liderança no regime dos Khmers Vermelhos nos anos 1975-1979.

Em 2018, eles receberam novamente a mesma sentença por genocídio. Nuon Chea foi assistido pelo advogado holandês Victor Koppe durante seu julgamento. O documentário Defending Brother No 2 foi feito sobre sua defesa.

Nuon Chea morreu na prisão com a idade de 93 anos.

www.ingramcontent.com/pod-product-compliance
Lightning Source LLC
Chambersburg PA
CBHW061312140726
47998CB00006B/2351